AF390621

VENTE

Des 24 et 25 Mars 1904

HOTEL DROUOT, SALLE N° 7

A DEUX HEURES

COLLECTION

E. PERROT

M° TERNISIEN

COMMISSAIRE-PRISEUR

10, rue de Chantilly, Paris

M. G. COURTOIS

EXPERT

44, rue Poussin, Paris

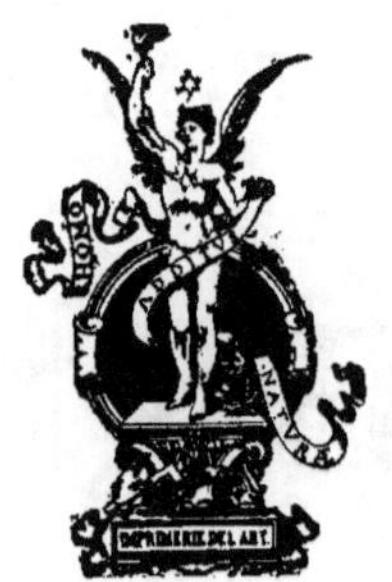
IMPRIMERIE DE L'ART

CATALOGUE

DES

ESTAMPES, LIVRES, GRAVURES

ILLUSTRATIONS

CURIOSITÉS MILITAIRES

OBJETS DIVERS

COMPOSANT

la Collection de M. E. PERROT

CHEF DE BUREAU HONORAIRE DES BEAUX-ARTS
DOYEN ET MEMBRE FONDATEUR DE LA " SABRETACHE "

DONT LA VENTE AURA LIEU

LES JEUDI 24 ET VENDREDI 25 MARS 1904

HOTEL DROUOT, SALLE N° 7

à deux heures

COMMISSAIRE-PRISEUR	EXPERT
Me V. TERNISIEN	**M. G. COURTOIS**
10, rue de Chantilly	44, rue Poussin

Collection de M. E. PERROT

L'origine de cette collection qui remonte à plus d'un demi-siècle compte environ 5000 pièces de costumes militaires Français et Étrangers de toutes les époques, représentés par la figuration.

Dans ce nombre ne sont pas compris une quantité de documents tirés des Musées, des Bibliothèques et des journaux illustrés, classés par ordre chronologique et par nationalités, d'après les artistes les plus autorisés de tous les temps.

CONDITIONS DE LA VENTE

Elle sera faite au comptant.

Les acquéreurs paieront *dix pour cent* en sus des espèces.

Il ne sera admis aucune réclamation une fois l'adjudication prononcée.

L'ordre numérique ne sera pas suivi.

Les estampes, gravures, livres, seront vendus le premier jour du numéro 1 à 131.

Paris. — Imprimerie de l'Art, E. Moreau et Cie, 41, rue de la Victoire.

DÉSIGNATION

LIVRES

1 — Collection des Types de tous les corps de la République et de l'Empire, 50 pl., col. d'ap. Bellangé. — 1 vol. Paris, Dubochet, 1844.

2 — Les Navigateurs français, par L. Guérin. — 1 vol. Paris, Belin et Co, 1846.

3 — Historique du 3e rég. de Hussards, de 1767 à 1887.

4 — Le Drapeau du 27e rég. d'Infanterie, par le lieutenant Carnot. — 1 vol. Dijon, Damidot.

5 — Historique du 10e rég. de Cuirassiers (1643-1891), par de Juzancourt, ill. par le cap. Matuszynski. — 1 vol. Berger-Levrault, 1893.

6 — Histoire de l'Ancienne Infanterie française, par Louis Susane — 8 vol. br., plus l'Atlas de 151 pl., par Philippoteau. Paris, Corréard, 1849-1853.

7 — Le 2e rég. de Dragons, par le colonel Ambert, avec déd. Lyon, 1851.

8 — Les Fastes du 14e rég. de Ligne, par Dupré. — 1 vol. br. Paris, 1836.

9 — Histoire maritime de France, par L. Guérin. — 1 vol., avec grav. Paris, 1863.

10 — Histoire de la Garde Républicaine, par Balleydier. — 1 vol. br., ill. par David. Paris, 1848.

11 — Histoire de Napoléon, par de Norvins, vignettes par Raffet. — 1 vol. Paris, Furne, 1842.

12 — Histoire du 3e rég. de Spahis, par le lieutenant Durand. — 1 vol. br. Paris, Lavauzelle, 1892.

13 — Almanach impérial pour 1810, par Testu.

14 — Les Armes et les armures, par Lacombe. — 1 vol. rel. av. vign. Paris, Hachette, 1868.

15 — Histoire générale des Dragons, par Choppin. — 1 vol. Paris, Dumaine, 1879.

16 — Les Armées étrangères en campagne, leurs uniformes, par Dally. — 1 vol. Paris, Noizette, 1885.

17 — Nos 144 régiments de ligne, par de Lyden. Paris, Duparc.

18 — La France militaire, par A. Hugo. — 3 vol. ill. Paris, Delloye, 1833.

19 — Histoire de l'armée, par Pascal. T. I. ill. Paris, Barbier, 1857.

20 — Annuaire historique militaire, par Sicard. — 1 vol. br. Paris, Renard, 1839.

21 — Sept vol. divers ayant trait à la guerre de 1870.

22 — Album des deux sièges de Paris 1870-1871, croquis militaire, par Hussenot.

23 — Cinq vol. Almanachs divers.

24 — Recueils de décrets. Révolution.

25 — Histoire de l'Expédition Française en Egypte. Atlas, 2 vol. Paris, Dénain, 1830-1844.

26 — Un Régiment à travers l'histoire, le 76e ex 1er léger, par le commandant de Fresnel.

27 — Lot important de volumes qui sera divisé.

28 — Campagne des Français, Consulat et Empire, 60 pl. gr.

29 — Brochures diverses.

30 — 20 vol. *Journal Officiel militaire*, reliés, de 1845 à 1867.

31 — Livres omis au catologue.

GRAVURES, ESTAMPES, IMAGERIE

FRANCE

32 — Quantité d'illustrations de journaux, types militaires d'après les peintres.

33 — Ouvrages, revues, extraits, arts militaires.

34 — Documents sur les écoles, la marine, les troupes d'Algérie et les troupes coloniales.

35 — Sciences techniques : Planches sur l'aérostation, la castramétation, l'équitation, télégraphie, tir, essais d'armes, vapeur, vélocipèdes, gymnastique, animaux de guerre, voies ferrées, fortifications, service de santé, etc.

36 — 23 pl. coloriées, par Titeux.

37 — Environ 400 pl. Portraits.

38 — En-têtes de factures, de lettres, adresses illustrées, monogrammes, ex libris, armoiries, billets de décès et de mariage, obligations, assignats, griffes, calendriers, expositions universelles depuis 1855, salons, loteries, billets de théâtre et contremarques, fêtes et cérémonies militaires et religieuses, voyages, courses, chasses, souvenirs du siège, etc. (Sera divisé).

39 — Illustrations sur la guerre de 1870 et de 1871.

40 — Environ 160 pl. tableaux muraux, Historiques des régiments. Colin, édit.

41 — Scènes humoristiques.

42 — Environ 60 pl., cartes, plans de sièges et de combats des xvie, xviie et xviiie siècles. La plupart de ces plans sont encadrés d'ornements représentant les costumes de l'époque.

43 — Environ 65 pl. sur la guerre de 1870-1871.

44 — Environ 140 pl. Batailles de la République et du Premier Empire.

45 — Lot important sur la guerre d'Orient (Sébastopol, Crimée, etc.).

46 — Combats français des temps anciens à Louis XIV. 20 pl.

47 — Guerres civiles : 1830, 1848, Commune.

48 — L'Empereur et la Garde Impériale, par Charlet ; livraisons rehaussées de coloris, quelques-unes provenant du dépôt légal.

49 — Costumes français, par Ch. Aubry. 8 pl. lith. en noir.

50 — Types militaires français, par V. Adam. 11 pl. lith. en noir et en couleurs.

51 — Uniformes de l'Armée française en 1848, par Janet Lange. Environ 33 pl. lith.

52 — Costumes militaires français 1845 et 1846, par Lalaisse. 19 pl. lith. en noir, quelques-unes provenant du dépôt légal.

53 — Costumes militaires du second Empire, par Lalaisse. 10 pl. en coul.

54 — Lot divers de costumes français, en noir et en coul.

55 — Costumes militaires : Temps anciens, Moyen Age, Henri IV à première République.

56 — Histoire de la Maison militaire du roi, 1814-1850, par Titeux. Env. 51 pl. en noir.

57 — Épopée : Tableaux muraux, pièces de grand format. 4 pl. lit., la Garde Impériale, par V. Adam (D. L). — 6 pl. lith. Cost. militaires, par V. Adam, d'après de Luna (D. L.). — 8 pl. Collection Dumaresq, en noir et en coul. — 3 pl. « Constitution » à la manière noire. — 11 pièces Épopée, scènes et autres (D. L.).

58 — 33 dessins divers, aquarelles, croquis; 7 pièces, programmes de représentations militaires.

59 — Brevets, congés, menus, tenues d'essais, cartes, détails d'uniformes.

60 — Dessins et croquis divers.

61 — Costumes militaires français. — 22 pl. 1848 à 1851. — Environ 100 pl., armée de ligne, second Empire.

62 — Illustrations militaires, de 1852 à 1870. Env. 100 pl. col. — Musique et cantinières. — Env. 125 pl. Garde impériale de Napoléon III. — Env. 400 pl. Costumes de diverses Collections.

63 — Estampes, aquarelles, dessins. Env. 100 pièces du premier Empire.

64 — Sujets militaires, dessins, aquarelles, sur le premier Empire, la Restauration et Louis-Philippe. Env. 500 pièces.

65 — Costumes de l'armée, par Vernier, 1680-1835, plus env. 75 pièces en noir et en coul., par Raffet et divers.

66 — Environ 68 pl. de Marbot et de Noirmont, avec les tableaux synoptiques.

67 — Armes, armures, apothéoses, drapeaux, décorations diverses.

68 — Collection de journaux du siège de Paris, 1870-1871.

69 — Combats, scènes militaires, apothéoses.

70 — Environ 350 pl. pour l'Illustration du Consulat et de l'Empire, par Thiers.

71 — Reproductions des Galeries de Versailles. — 12 pl. en noir. Scènes du premier Empire

72 — Traité raisonné d'équitation, par Aubert ; nombreuses planches lithographiées.

73 — Costumes militaires français, par Bastin. — 27 pl. en noir et en coul. D. L.

74 — Scènes militaires, par Gengembre. — 5 pièces.

75 — Iconographie du costume, par Jacquemin. — Env. 50 pl.

76 — Scènes diverses, par V. Adam. — Env. 47 pl.

77 — Scènes diverses, par Charlet. — Lith. env. 52 pl.

78 — Scènes diverses, par Bellangé. — Env. 16 pl.

79 — Sept gravures à la manière noire : scènes.

80 — Dix pièces, par Vernet.

81 — Environ 106 pièces : gravures, lithographies, estampes.

82 — Fort lot de gravures anciennes des xvie, xviie xviiie et xixe siècles, intéressant le costume militaire de ces époques.

83 — Costumes militaires, Collection Bar.— 9 pièces en noir et en coul.

84 — Quantité d'imageries anciennes, ayant trait au costume militaire français.

85 — Imagerie d'Épinal.

86 — Apothéose de Napoléon et de ses généraux. — 17 pièces.

87 — Environ 20 dessins, gravures coloriées et autres.

88 — Costumes français et étrangers. — Env. 25 pl. col., par Basset, Martinet, Lalaisse, Eug. Lami.

89 — Grossherzoglich Badilches Militair de Velten. Carlsruhe, 1824. 30 pl. col.

90 — Le cavalier français et italien, en 1620. Ouvrage du temps, orné de gravures.

91 — Costume du Sacre. 4 grandes gravures, par Godefroy, dessiné par Perrier et Isabey.

92 — Sous verre. Drapeaux, costumes, autographe d'Isabey.

93 — Sous verre. Impératrices Joséphine et Marie-Louise, grav. coul. Mariage de l'Empereur, dessin.

94 — Sous verre. Arc de triomphe élevé à Saint-Cloud. Cost. de la Garde nationale, 1830.

95 — Essai de costume pour l'infanterie, par David. Gravure offrant beaucoup d'analogie avec le costume des Élèves de l'école de Mars.

96 — Le commandant Jacquet. Toile, par de Valmont.

97 — Sous verre. Troupe Indienne. Fin du xviii° siècle.

98 — 2 dessins au crayon, par H. Monnier.

99 — Costumes militaires. Angleterre, Belgique, Hollande.

100 — Costumes militaires. Espagne, Italie, Suisse, Danemark. Suède.

101 — Illustrations sur l'Amérique, l'Asie et l'Afrique.

102 — Guerres et combats à l'étranger. Illustrations.

103 — Illustrations sur la Russie, la Pologne, la Turquie et la Grèce.

104 — Fêtes et cérémonies militaires françaises et étrangères.

105 — Costumes de l'Allemagne et de l'Autriche.

106 — Scènes militaires françaises et étrangères.

107 — Documents relatifs à l'histoire de Paris, comprenant : 35 pl. Monuments, plans et vues, notamment la chapelle des Enfants-Trouvés, grand format, gravée par Fessard, 1759. — 20 pl., scènes diverses, politique. — 22 pl., cérémonies, fêtes. — 20 pl., portraits. — 38 pl., guerres civiles, sièges, combats. — 25 pl., costumes civils et modes. — 20 pl., troupe parisienne. — 60 pl., théâtres, concerts, billets, cartes, programmes pour les spectacles de la Cour et autres.

108 — Costumes militaires étrangers divers.

109 — Costumes étrangers. Collection Censi. — 12 pl. coul.

110 — Garde impériale de l'armée russe. — 18 pl., dont 10, par Vernet.

111 — Costumes étrangers. — 7 pl. eaux-fortes, par Valério. D. L.

112 — Guerres. Colonisations (Afrique). Documents.

113 — Guerres soutenues par la France à l'étranger : Italie, Mexique, Crimée.

114 — Afrique, Espagne, Italie, Chine, Cochinchine.

115 — Marine allemande. Guerre de 1870 et 1871.

116 — Guerres et combats étrangers, intéressant : la Pologne, la Russie, la Suisse, les Indes, l'Amérique.

117 — Anciens documents parisiens : en-têtes des factures, cartes d'entrée dans les monuments publics, signet ancien, divers.

118 — Les Déménagements, grav. coul., par Boilly.

119 — Cinq, sous verre, sujets mililaires, s. Luna.

120 — Portrait de Saint Jean.

121 — Aquarelle. Femme à sa toilette, s. Doubée.

122 — Toile, sujet militaire.

123 — Gravure anglaise en coul. All the worlds a stage. Buld and Mouth Inn. Al his head a grafs green turf and at his heels a stone.

124 — Gravure anglaise en coul. Courses.

125 — Costumes militaires, aquarelles.

126 — Autographes d'auteurs, d'hommes politiques, de militaires et de savants.

127 — Profils et grimaces, lot de grav. coul., par Boilly.

128 — Deux écrans à figurines. Empire.

129 — Prise de la Bastille. Démolition de la Bastille. 2 p. coul.

130 — Gravures, estampes, documents, omis au catalogue.

131 — Lithographies en feuilles et sous verre.

ARMES

132 — Fusil à deux coups, avec sabre-bayonnette.

133 — Plusieurs épées anciennes.

134 — Armes non montées.

135 — Sabre ayant appartenu à Cathelineau, avec pièces à l'appui. Cette arme provient de la succession de M. Greppo, chef de division honoraire à la Préfecture de la Nièvre, chevalier de la Légion d'honneur. Mlle de N..., légalitaire de Mme veuve Greppo, en a été mise en possession par lettre de Me Bayle, notaire à Nevers, et l'a cédée à son tour conformément à la déclaration écrite qu'elle en a faite.

136 — Sabre d'officier d'artillerie. Premier Empire. Garde à branches en bronze doré et ciselé, calotte ornée d'un N gravé dans une couronne de lauriers, fourreau argenté.

137 — Sabre d'officier de Mameluck, premier Empire. Garnitures en bronze doré et ciselé, croisillon orné d'une tête de mameluck, poignée corne, lame de Damas en partie dorée.

138 — Sabre d'officier supérieur. Consulat. Garde en bronze doré et ciselé, fourreau cuir avec garnitures à figures mythologiques, lame gravée or, ornée d'un aigle.

139 — Sabre d'officier des Grenadiers à pied de la Garde. Premier Empire.

140 — Sabre d'officier de Dragons. Premier Empire.

141 — Sabre d'officier de cavalerie légère. Premier Empire.

142 — Sabre de cavalerie légère. Révolution. Garde et garnitures en cuivre rouge.

143 — Sabre d'officier de cavalerie légère. Révolution. Lame gravée de Klingenthal, fourreau cuir avec garnitures de cuivre, anneaux fer.

144 — Sabre en argent avec fourreau, officier des Mousquetaires noirs. Maison du roi. Restauration.

145 — Sabre d'officier de Cent Gardes.

146 — Sabre, ceinturon et banderole de giberne, Garde nationale. Restauration. (Enfant).

147 — Plusieurs épées bronze et or du Premier Empire et Restauration.

148 — Sabres de troupe et d'officier. Révolution et Premier Empire.

149 — Sabre des gardes du corps de Frédéric le Grand, avec son fourreau, xviiie siècle. Garde à branches ajourées ornée de l'aigle royal, lame de Potzdam, fourreau cuir, garnitures fer et à quatre anneaux belières.

150 — Epée sabre. Officier, Espagne, xviiie siècle. Elégante garde à branches en cuivre et à coquille, lame avec inscription : *Por el rey Carlos III. Dragones 1773.*

151 — Fusil et pistolet à vent, xviiie siècle, avec pompe, crosse ornée de peintures, figurines, vernis Martin (parties effacées).

152 — Mousqueton de mameluck, marque de Versailles.

153 — Sabres de différentes époques.

154 — Armes non cataloguées.

COIFFURES

155 — Feutre d'officier. Premier Empire.

156 — Bonnet Révolution.

157 — Casque de Chevau-léger, maison du roi. Restauration.

158 — Casque de Chevalier-Garde, Russe, ancien.

159 — Casque d'Artilleur russe.

160 — Casque de Cuirassier de la garde, allemand.

161 — Mitre, Garde impériale allemande.

162 — Casque de Dragon de l'Impératrice. Napoléon III.

163 — Schapska de trompette de Lanciers de l'Impératrice.

UNIFORMES

164 — Habit d'Inspecteur aux revues. 1806.

165 — Habit d'officier de Garde d'honneur de ville. Premier Empire

166 — Autre habit de la Garde d'honneur. Premier Empire.

167 — Habit d'artilleur à cheval. 1813.

168 — Habit d'officier d'Infanterie de ligne. Premier Empire.

169 — Habit de troupe de Dragon de la Garde royale du Prince Eugène. Premier Empire.

170 — Habit d'officier d'Artillerie à pied, Etat-Major. 1818

171 — Habit de Cuirassier de la Garde royale. 1815.

172 — Habit de Gendarme. Maison du roi. Restauration.

173 — Costumes divers.

CURIOSITÉS MILITAIRES

174 — Plaque de sabretache des Hussards de Condé. XVIIIe siècle.

175 — Attribut de baudrier aux armes du duc de Berry.

176 — Boucle de ceinturon d'Aide de camp. Premier Empire.

177 — Remarquable réunion de plaques de mîtres et autres attributs des XVIIe, XVIIIe et XIXe siècles. Etranger.

178 — Lot de cuivrerie militaire : hausse-cols, boucles de ceinturon, etc. 1830 et second Empire.

179 — Bouclerie d'harnachement. Premier Empire et Restauration.

180 — Bouclerie et agrafes de manteau de Mousquetaire gris. Restauration.

181 — Plaque de schapska. Officier. Premier Empire.

182 — Collection de boutons militaires depuis la Révolution, dont dix huit dans un cadre bois doré ancien et soixante-six dans un vieil écrin.

183 — Autre réunion de boutons anciens, militaires et civils.

184 — Epaulettes d'officier Empire. Restauration et 1848.

185 — Quatre médailles de Sainte-Hélène.

186 — Croix de Chevalier de la Légion d'honneur, création.

187 — Deux croix de Saint-Louis, en or.

188 — Médaillon de Vétéran.

189 — Plaque de Grand-Officier de la Légion d'honneur, argent et émail. 1830.

190 — Décorations diverses.

191 — Deux médailles Révolution, dorée et argentée (Respect à la loi).

192 — Deux cachets (Garde nationale de la Seine et commissaire des guerres).

193 — Sabretache et ceinturon d'officier des Hussards de la garde royale, Motifs en argent. Restauration.

194 — Sabretache de la Garde des Consuls.

195 — Giberne et banderole d'officier des Chasseurs à cheval de la Garde. Second Empire.

196 — Giberne et banderole. Guides, second Empire.

197 — Giberne et banderole d'officier de Hussards. 1830.

198 — Plusieurs gibernes et banderoles de cavalerie. Diverses époques.

199 — Epaulettes et aiguillettes de Cent-Gardes.

200 — Ceinturon de ville des Cent-Gardes.

201 — Flamme de trompette. Artillerie de la Garde. Second Empire.

202 — Curiosités omises.

DIVERS

203 — Cadre bois doré, ancien, renfermant 3 biscuits de Sèvres : Louis XIV, Louis XV et Louis XVII.

204 — Quatre médailles, bronze et argentées.

205 — Coffre à pendule.

206 — Quatre plaques, carreaux, en ancienne faïence de Delft.

207 — Douze assiettes anciennes : Révolution. Nevers : Réunion, nous jouons de malheur le plus fort l'emporte, L'utilité, 1793, Trésor national, Tombeau de Mirabeau, les Trois ordres, etc.

208 — Trente assiettes et pièces de forme des anciennes fabriques de : Rouen, Nevers, Marseille, Strasbourg, etc.

209 — Cent-Gardes, bronze par Frémiet.

210 — Grenadier de la Garde, bronze par Frémiet.

211 — Zouave de la Garde, bronze par Frémiet.

212 — Sapeur, bronze par Frémiet.

213 — Plusieurs miniatures.

214 — Cadre comprenant 21 pièces de monnaie et médailles, argent et billon de la première Révolution.

215 — Un cadre contenant 34 pièces, médailles argent et bronze.

216 — Sous ce numéro, seront vendus les objets omis au catalogue.

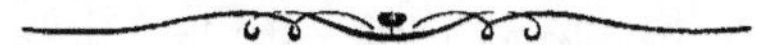